薩滿
神聖藝術

祝福｜療癒｜能量
七十二幅滋養生命的靈性畫

Faith Nolton 費絲·諾頓 著

馬勵 譯

Gardens of the Soul
Making Sacred and Shamanic Art

目錄

引言　　　　　　　　　　　　　　　　　　　　　　　　5

第一章
身體與靈魂
與神聖連結／靈性之窗／影響＋融合／靈性現實／餵養靈魂　　11

第二章
靈視的過程
運用想像力／探索變幻的狀態／越界空間／作爲能量空間的工作室
平衡火與土　　　　　　　　　　　　　　　　　　　　25

第三章
更寬廣的感知
繞過他人的期待／大腦的編輯功能／進行「追蹤」／符號的語言
生命之舞　　　　　　　　　　　　　　　　　　　　39

第四章
產出
助產士／我的第一步／記錄靈視／重疊的世界／工作的器具　　53

第五章
說故事
編織生命／蒐集故事／神話與文化／藥的禮物／轉變的時刻　　67

第六章

照顧靈魂

薩滿旅程／我們的祖先圈／揭露真實自我／修復靈魂／靈魂重拾畫筆　　81

第七章

與指導靈同行

動物幫手／靈界／藝術奉獻／深化連結／宇宙論　　95

第八章

大地之歌

地方指導靈／花園指導靈／求助／植物之歌／大地聖壇　　109

第九章

祝福的藝術

帶來健康的畫／祝福我們所有的關係／祝福樹／一個需要祝福的世界　　123

第十章

心靈花園

自我照顧／庇護所／心的連結／昔日的花園／星星花園　　135

作者簡介　　146

致謝

　　我首先要感謝我的指導靈們，祂們的耐心和指導真的很棒。我也非常感謝我的薩滿擊鼓圈的夥伴——詹尼（Janey）、卡羅（karo）和尼克（Nick），他們在我撰寫此書過程中一直以極大的愛和真誠鼓勵我、支持我，同時督促我思考。

　　我感謝世界各地老師們的慷慨和智慧，尤其是里昂‧盧瑟福（Leo Rutherford）和喬納森‧霍維茨（Jonathan Horwitz），他們一直是我和世上其他許多人靈感和愛心的指導。

　　我記得邁克爾‧維瑟（Michael Wiese）打電話給我、問我是否願意考慮為 Divine Arts 寫書的那一天……，那時我才剛計劃了這本書，並且決定獻給指導靈。謝謝你們，邁克爾和 Divine Arts 團隊的直覺、專業知識、信仰和鼓勵。

　　最後，我要誠心感謝威爾斯這片美麗而古老的土地，謝謝這見證與庇護寫作過程的居所——謝謝一切美妙事物、安靜的河邊散步、貓頭鷹呼喚的夜晚，還有那提醒我一切存在與現實之間神聖連結重要性的黎明和日落。

　　祝福大家。

第 一 章

身體與靈魂

聖地

靈性現實

過去一段時間，我逐漸與指導靈們、以及在薩滿「旅程」的夢幻之境裡遇到的祖先們建立起關係。對我而言，我的生命志業就是創作神聖藝術，也是服務祂們。我現在已然無法想像另一種生活方式。事實上，我就是這些指導靈的學徒，祂們教導我、訓練我，不斷擴大我對於神聖事物的看法和理解。

一位薩滿巫師進入這種夢幻之境、準備與自己的指導靈溝通時，指導靈往往會以動物的形態出現。這些指導靈會變成他或她非常親密的盟友。這種夢幻之境本身總是有一個明確的目的（並非閒來無事的「一日漫遊」）——就是向指導靈尋求療癒、忠告、資訊、以及各式各樣的支持。以我個人的經驗而言，這些靈性接觸的反應和準確度著實驚人。我為自己和其他人所接受到的訊息和幫助是如此之準確，以致於讓我毫不質疑於自己的所見。我可能不完全明白於自己的所見，但我已學會信任它。信任對於薩滿信仰者極其重要，也是創作靈視與神聖藝術的關鍵。頭腦和邏輯往往只能專注旁觀，不能干涉！

旁邊這頁上的畫作「祝福我的骨骼」就是這樣一個例子。

我收到繪製此畫的指令時正和三位朋友坐在一起，我們形成一個薩滿圈，這是我平常的工作方式。在這樣的圈裡與一群人一起合作，確實能加強並專注於我們與指導靈的連結，形成一種更有力的頻率調和方式！

這次我坐著，請求指導靈賜給我力量，幫助我從一場嚴重的病痛及因此而喪失的信心中復原。我默默地等了好一會兒，好奇自己會接收到什麼；突然之間，我被歡樂跳舞的女指導靈們團團包圍住。我大吃一驚，我的意識被帶著四處游移，得以面對面地觀察自己坐在椅子上的身軀。我清楚看見以骨骼形態呈現的自己，骨骼閃爍著最美麗的珍珠粉紅色澤，生氣盎然、閃閃發光。那些鮮活發光骨骼的純粹之美令我震懾！我完全著迷了。

在此之際，女指導靈們一圈又一圈地跳著舞，一邊歡笑一邊旋轉。我在她們後方看到大約七歲的自己。我唯一可算與芭蕾有關的事，是在芭蕾舞學校年度公演中飾演一個海上仙子。栩栩如生的鮮明畫面，讓我回憶起自己是多麼喜歡那條小短裙，以及跳舞時的歡樂和自由！指導靈們提醒了我，那些神奇的骨骼過去多年如何支撐了我的身軀，而我確實應該深深地感謝那些始終忠實支持著我的骨骼。然後我就聽到：「畫下來，歌頌你的骨骼。」還補充了一句我經常聽到的建議：「還有跳舞，跳吧！」

我了解，自己雖然此生都在使用這副骨架，但對骨骼的結構卻沒什麼概念。於是我研究、勾勒並感覺自己的骨骼線條。在畫這幅畫時，我可以感覺到那些轉著圈圈的女指導靈們是多麼地快樂而愉悅，以及年輕的我在自己的骨骼裡跳著舞。祂們回應我的求助時，讓我對自己的軀體有了強大的信心；我只要移動身軀，就可以強烈察覺到自己內在那堅強的骨骼結構。現在，任何時候只要注視著這幅畫，我就會再度連結上那股贈予給我的能量。

雖然這幅畫屬於我個人的療癒過程，但我收到的訊息告訴我，應該讓別人也能看到它。這幅畫傳遞了喜悅、力量和幽默感，帶給人很多積極的「訊息」。

靈魂塗鴉

餵養靈魂

我需要提醒自己，我那穿越種種輪迴、世界和空間的靈魂一直都長相左右。我們全都是住在身體裡的靈魂：一切都很好。然而，我們多常忽視靈魂的需要？在不和諧的關係中或緊張的工作壓力下，我們的靈魂渴望平靜。在輕率成事的習慣中，靈魂需要與神聖事物產生連接。

餵養身體的需求顯而易見，但餵養靈魂呢？來向我求助於薩滿療癒方式的人，其靈魂層面往往極度營養不足，要不就是暴飲暴食，靈性水平長期處於或高或低的轉換中。靈魂的飲食方式需要我們的關注。

擊鼓、沉思默想、歌唱、舞蹈、說故事或創作神聖藝術，對於重新調整並連結我們的靈魂核心，全都有所幫助；這並非要在月光下盡情狂歡，或是對色彩欣喜若狂──雖然這些也很棒，而是在個人的神聖空間中、給予你的核心內在若干優質時間。不需花上多少時間，定期進行五分鐘有意識地靈魂餵養，就能創造奇蹟。

為了好好地關注你的靈魂，你可以送給它一幅「靈魂塗鴉」，那相當於一封視覺的情書。畫圖是一種連結靈魂極為直接而美好的方式。首先，給你自己準備好某些可以在上面塗鴉及留下痕跡的事物，像是一張紙、一塊平坦的石頭、一張卡片，可以做為「支撐」或是塗畫的表面。接下來，找出任何馬克筆、圓珠筆、木炭、粉筆，手邊有什麼就用什麼，不需要「有藝術感」；你隨手取得的意外機緣，在過程中可以發揮相當大的作用。

靜坐片刻，連結你的目的以傳送祝福、愛、和平給你的靈魂，或是任何在當下你覺得簡單而有必要的事物，然後就進入你的畫面。別想著「一定要做對」，因為它無關你「擅長與否」，重要的是你心甘情願地在那裡、在我們的心中。

不妨先畫出一條線，再看看它想變成什麼形狀；讓模式出現、創造節奏；潤飾熟悉的符號，像是心型或星星。靈魂和指導靈喜歡玩耍，透過符號、顏色和圖案會有最好的反應。放心，你不會出錯！一切都是完美的！

當你覺得結束時，請謝謝那些你看不見的幫手──不論你認識牠們了沒──然後就退回去做平常的你，關注於現實的世界，扭動一下腳趾，泡一杯茶。藉著靈魂塗鴉，你已經送出並給予你的祝福。

你在靈魂塗鴉時，可能會發現自己失去了時間感以及與日常生活的某種聯繫感；事實上，當你將注意力轉向自己的內在時，會處於一種輕微的恍惚狀態。如果你聽到內在的聲音，發出對你的塗鴉嗤之以鼻的批評與嘲笑，要知道，那不是來自指導靈或你的靈魂，而是你自己過去的舊創傷和別人過去加諸於你、而你現在也加諸於自己的貶抑。那個傷口會隨時間推移而癒合，你可以送它幾個靈魂塗鴉來加快進程！

我們每個人心中都有那些蠕蟲般的竊竊私語聲。幾年前，我被自己內在的完美主義批評者抓住不放，其來勢洶洶地對我大肆攻擊：「你竟敢稱自己為藝術家？」我的指導靈堅定地告訴我：「這是過程，不是結果。」牠們督促我將這句話做成大標語，就放在我工作室電燈開關旁，讓我經常看到它。標語還在那裡，而我也的確經常需要這個提醒。指導靈們真了解我。

建議箱

開始蒐集你喜歡的符號和圖案，放進素描本或檔案夾中。這些東西可能是織物上面的圖案、用鮮明圖案裝飾的手稿、地磚，其他畫作，以後這會是非常寶貴的參考資料和靈感來源。

月光木

月光下發生的事

在我打算睡覺時，
召喚我出去、
進入呼吸成霧的花園
那東西是個謎。

那蹲踞的岩石，
飲露的植物，
匆匆潛行者
暫停，
沐浴在你
傾瀉而下的力量之聲中。

包圍在你的歌聲裡
我們彼此相連。
在寂靜中舞蹈，
交織，
就在此刻。

第 二 章

靈視的過程

落下和平的羽毛

運用想像力

本書中的「靈視」，指的是我們在安靜的遐想、冥想、或出神狀態中領受到的故事、圖像、聲音；也就是我們內在之眼看到的事物。比較具體地說，是透過有目的性地與靈界及內在感官連結而看見的事物。

我的內在之眼所見到的景象非常電影化；從黑白手持相機風格到大規模 3D 好萊塢史詩般鉅作都有。跟我學習創意與薩滿式靈視技巧的學生，有時候會因爲缺少視覺「景象」而大爲沮喪。但如何經歷靈視，是十分個人的體驗。可能音樂所佔的比例較高，或者是抽象的彩色波浪、圖案、氣味或質感，揭示出我們在變幻的狀態下所經歷的「行動」。很多時候人們因自己內在的靈視而感到氣餒，或因爲一開始就對靈視抱持了特別的期望、以至於認爲「我這樣行不通」。要不就是他們的接收機制被個人過往（接收到或是沒接收到）的恐懼而阻隔。或許我們甚至認爲自己不配或沒有資格讓指導靈回覆我們的要求。這種想法明顯會妨礙接收與記錄這種經驗，也無法讓此經驗轉化爲與其相關的圖像創作。

想像力是我們很大的一個幫手。它雖然經常被稱爲幼稚的幻想或無用的白日夢，卻是我們最珍貴的天賦之一。如果沒有想像力，世界不會有任何發明，不會有故事，醫療不會進步，沒有建築物，也沒有書籍。想像力就像任何一塊肌肉，我們愈勤加運用就會愈強壯。我們毋須懼怕想像力，它是一項極好的資源。

因此，如果我們內在景象展現的故事有任何一個地方不清楚，我們可以盡力「補全」。只有憑藉經驗，才能從我們內在的幻夢中釐清眞正進入的靈視。因此儘管冷靜自持，只需在必要時候發揮我們的想像力！

眞正有目的性的靈視，是跟我們生活圈以外的事物有關——我們的能量接收器被刻意轉到超越自我以外的頻率。我們常會對於發生在這種刻意狀態下的事情而感到驚訝，這種情況與白日夢或幻想截然不同。這是很重要的一點區別，因爲神聖藝術旨在揭示個人內在的歷史故事，有別於幻想或藝術療法。

靈視在哪裡？
　在這裡和那裡、
　沉默和聲音、
　海和岸之間

靈視在哪裡？
　介於空間之間
　在視線的角落
　在暮光中和門廊間

靈視在哪裡？
　在信任和真理之中

蓮花之火

萬物閃閃發光

有一個地方
超越一切的一切的一切,
在那裡,空間和時間流動
在光的長河中。

在血液中,在星辰外,
生命怒吼
在沉默的輝煌中

我們觀察,跨越時間。

我們跳舞,
配合靈魂的心跳。

我們傾聽,
來自星辰之處的合唱。

大腦的編輯功能

「靈視探索」儀式僅是我們傳統上挑戰人類感知限制、走出自己舒適圈的一種方法，這樣我們才能開始看到更寬廣的大局。

大腦是根據需要而設計的，它會從我們周遭挑出相關訊息，而僅將足夠我們生存與溝通的已編輯好之資訊傳入我們的意識。大腦會時時刻刻在我們的經驗中找出模式，讓我們能夠加以評估並進一步採取行動。那顆正在掉落的石頭會打到我嗎？這種植物可以吃嗎？下一個雙向會車處還有多遠？大腦用最不費力的方式達到最高的效率，提供必要的連結和事實根據，但它的選擇是建立在「你必須知道」的基礎上。簡言之，大腦只會讓我們感知到周遭所發生事情的一小部分而已！

對於藝術家與薩滿巫師而言，這項事實既是大腦的優點也是它的缺點，因為大腦編輯了我們對於現實的感知，甚至還會歪曲資訊以配合先前的訊息。我們在創作神聖藝術與實踐薩滿的做法時，必須擴展資訊取得的範圍，要能看到超越大腦編輯過的版本、也就是我們在日常生活中所謂正常之外的事物。

舉例而言，當一個孩子畫出有著大眼睛和大手的爸爸媽媽時，那個形象反應出孩子的觸覺和情緒經驗，而非精確的人體比例。大腦從經驗中選擇了資訊。後來，孩子才學會粗略畫出簡單的線條人物，有著符合大人所期待的人體比例；再後來，還是出於展示並符合大人期待的需要，使得更逼真、寫實的意象誕生了——所謂「正確」的圖像。我們會遇到大腦運作方式讓藝術創作受阻，就是在此時。用粗略的線條人物來講故事或展示動作雖然流暢無礙，但要呈現出更為寫實的一面，就需要更多未經大腦編輯的觀察。然而，大腦可不會那麼輕易地放棄它的編輯功能。

想像與創意性的活動是天生的，但繪畫則是後天習得的。我們既然不會因為曾經用過桌子而期待自己有能力做一張桌子，那麼就更不應期待自己有能力畫一棵樹。我們在習得繪畫技巧過程中對於真實觀察的練習，其實就是在挑戰大腦所編輯的版本，並在此過程中更新那個版本。因此，練習寫實的繪畫就成為一種超越「大腦編輯功能」的可貴方法。

然而大腦不願意更新先入為主的認知——眼見為實嘛！舉例而言，孩子們開始畫頭時，他們會把眼睛畫在頂端——這是合乎邏輯的繪圖方式，我們對自己的臉感受便是如此。這個合乎邏輯的繪圖方式是如此地深植人心，以致於我經常面臨的挑戰是必須說服那些成人學生，實體上，眼睛與耳朵同高、也就是頭部往下一半的地方。除非我們能跳出這種視覺習慣的常規，否則畫出的線條看起來就不夠真實。對於薩滿巫師和藝術家而言，認真觀察我們周遭的具體現實都是一項關鍵性的技巧。

我們只有在開始除去大腦的遮蔽物時，才會看到外界的真實樣貌，然後超越它，再超越……，不斷進行下去。我們在練習這種聚焦的觀察時會開始仔細觀察表象之下的現實，於是可能看到能量和精神的形態。這是空間的冒險，也是與現實的深刻連結。那時，令人驚嘆的大腦產生好奇，不但會更樂於蒐集新的資訊，也會更進一步地擴展它的認知。

薩滿治療師和神聖藝術工作者都需要盡可能準確與清楚地觀察指導靈示現予他們的、以及周圍世界所反映的事物，並且評估自己是否準確地觀察到這些。我繪畫或素描時，指導靈們會不斷問我：「這就是你的『真實』所見嗎？」或者「這真的就像你跟我們在另一個世界時看到的事物嗎？」

追蹤──記錄頁

進行「追蹤」

我們周圍的世界一直在跟我們對話，反映出我們需要學習也需要教給別人的課題。有時候，我們從這樣的過程中所看到的圖像，不但帶來強有力的訊息，對別人也具有治療效果。有一個方法可以讓我們行使這樣看事物的力量，那就是在我們密切注意這些生命信號的地方進行「追蹤」。不論年齡和經驗，人人都可運用這個簡單卻能深度擴展意識的方法，在發展與生命之網的深刻連結也非常有用。同時，它也是你找到自己與世界對話的記錄方式之前，創作神聖藝術的一個很棒的起點。

你在開始之前，需要有一個明確的關注焦點或問題。它可能簡單如「請馬上給我一樣我需要的東西來幫助我」或「我怎樣才能更有耐心」。你的意圖愈清晰簡單，就愈容易「解讀」創造者反映給你的事物。答案終究會到來；一開始可能不明顯，但多次練習這個過程，你就會與周圍世界發展出信任的關係，並深化自己與世界的連結。

選擇一個你可以十五分鐘到幾小時靜止不動、不被任何事情打擾的地方，最好是戶外。用某種平和的鼓聲、冥想等任何你覺得對的方式，讓自己安靜下來。以焚燒草藥或熏香的方式，清理你能量場域裡的噪音或汙跡。你要為這個地方選一樣來自內心的奉獻，藉以表示你對於獲贈禮物的感激。奉獻之物可以是某種鳥食、一片美麗的羽毛、一些花朵──當然應該是屬於個人性質和可生物分解的東西。在你選擇的「目的」上集中注意力，直到你真正全心全意感受到它為止。接下來就可以展開你的追蹤，記住任何神聖工作必經的三個階段。

首先，你進入這個過程；就此例而言，乃是越過某種門檻。定下一個你能夠輕易看見的門檻，例如兩棵樹之間的空間，或地上的一根棍子，只要你覺得這個門檻是你清晰可見的就可以。

接下來，進程展開。你已經「進入了沉默」，也就是進入了接收和觀察的空間。你隨時都要擴展自己的感官：看、聽、感知體內的感覺。對於氣味、情緒、天氣、周遭生物和石頭的狀態……。都要保持警覺，注意每一件事。一切都有關聯。我有一次在進行時，位於一處充滿田園風味的平靜山坡上，一架戰鬥機在我上方大約十五公尺處呼嘯而過──這也是答案的一部分！當然你會忍不住想要分析發生的每件小事，但這會讓你分心──只要體驗、信任、記憶就好。

神聖過程中的第三個階段是「回歸基礎」。就此例而言，要感謝這個地方，將你的奉獻留下來，然後穿過門檻回去。你可以在那個地點多停留一會兒，記下發生過的事。我都會帶著一本筆記本，簡單記下幾個關鍵字，也許照幾張照片，蒐集一些羽毛、樹葉、貝殼等等。之後在家裡，我會將它們轉化為一幅素描或塗鴉，讓這些「答覆」繼續沉澱、展開。

建議箱

在軟木板或托盤上排好你「追蹤」時收集來的素描、拓片、樹葉、撿到的東西、字句等。讓「故事」在你把這些事物挪來移去時慢慢發展出來，直到你覺得對了為止。發現之旅會深化你故事浮現的進程。照一張相作為記錄，就像左頁的那幅照片，那是在一片非常特別的沙灘「追蹤」後蒐集來的。

你的「答覆」可能顯而易見──也可能在夢中、或者在一首落入你心田的詩篇裡逐漸變得清晰。讓清晰度自然浮現，就像你意識中的霧逐漸淡去，並注意後續生活中所發生的事件。

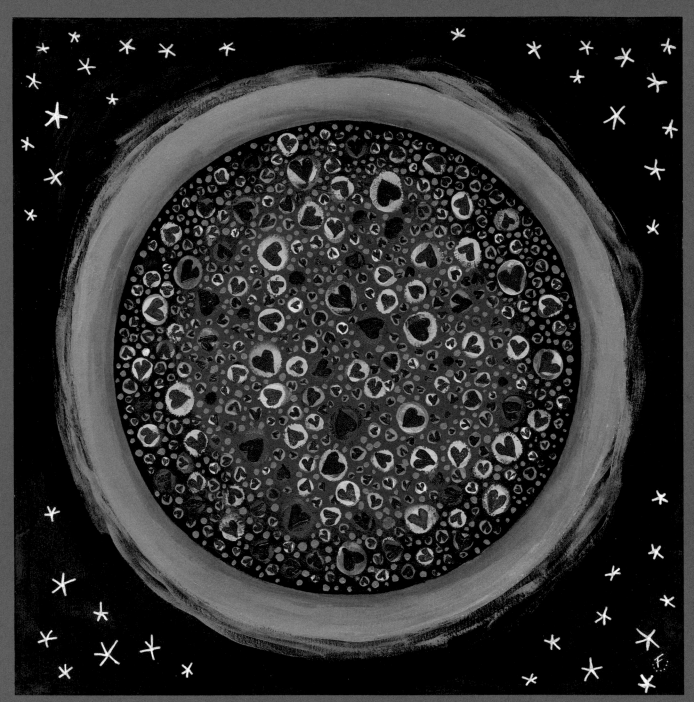

世上眾心

第 四 章

產 业

花園精靈 2

助產士

任何創作，從塗鴉到交響樂、從寺廟到座墊，在「生命之網」中都有其存在的能量。即使如辦公室牆磚般明顯無生命、或如一日市場般短暫的事物，也能在世上表達出自己的感情。

透過畫作，我像助產士一樣協助等待成形的事物來到世間。我的工作只是讓開路，讓已經在那裡等待出生的東西通過。如果我不保持均衡、用心、尊重的態度工作，這個助產過程就會紛亂不清。如果發生這種情況，畫作就會讓人有「卡住」或混亂之感，而我需要重新審視自己的狀態：我處於平衡和清晰的思緒之中嗎？我是否在勉強進行應該暫停的工作呢？我仍然與指導靈們保持著聯繫嗎？還是說我已經進入自我所預設的「畫出一幅循規蹈矩畫作」的自動模式呢？

我可能不知道一幅畫作誕生的目的——當它輕拍我的肩膀時，我只是相信它需要來到世間。有時候誕生會在當下發生，有時候我知道時間上還有彈性，或者確實需要等一陣子，時機對了我才能動筆。圖像內容的情況也一樣：我必須相信自己收到的訊息本意就是要被呈現出來。得到答案未必總是很容易，我可能會這樣詢問指導靈們——「你確定那裡要放一隻蝸牛嗎？牠真的需要翅膀嗎？」但我知道自己並無那幅即將出現的畫的完整故事，而我的自我意識認為看來前後矛盾或根本錯誤的東西，往往最後變成對某人有著精準和強大意義的事物。我知道某人的主要指導靈是一隻蝸牛，教導他很多關於如何調整生活步調以及適時鑽回殼裡的道理！

傾聽別人如何回應一幅畫也很有幫助。畫作對每個人述說的可能截然不同，一個人看見一條空板凳，認為是象徵著孤立，另外一人看見的卻可能是「坐一會兒」的邀請，認為是象徵了休息和重新出發（中文版第一三八頁）。每幅圖像對每個看到它的人都提供了一種反射，每個人從中得到屬於自己的訊息。指導靈知道這一點，如果某項作品遇到一個明顯的「負面」回應，我不再預先假設其為批評或排斥。我反思所有人的反應，將之視為來自指導靈的訊息，而我確實重視它們，這些讓我看到自己如何處理一個作品，我需要學什麼，目前進行得如何。因為任何一位神聖藝術家都必須不斷檢視自己與神聖過程的連結狀況，也必須檢視自己的動機是否依舊清晰明確。

光的本質，
流動……

以一首形成轉變的圓舞曲
喚醒我內心之眼
心和靈魂

牽曳我心，
翻攪我腹
我無法休息
直到我的手
抓住
出生這個謎……

太陽熊　星星樹

月亮之歌

我醉了
深深感受到月亮
在我那水銀般的血液中
跳著舞

我是神
我是女神

在山上，月亮召喚我過去
走進神聖的樹林
它帶著我進入

第 五 章

說故事

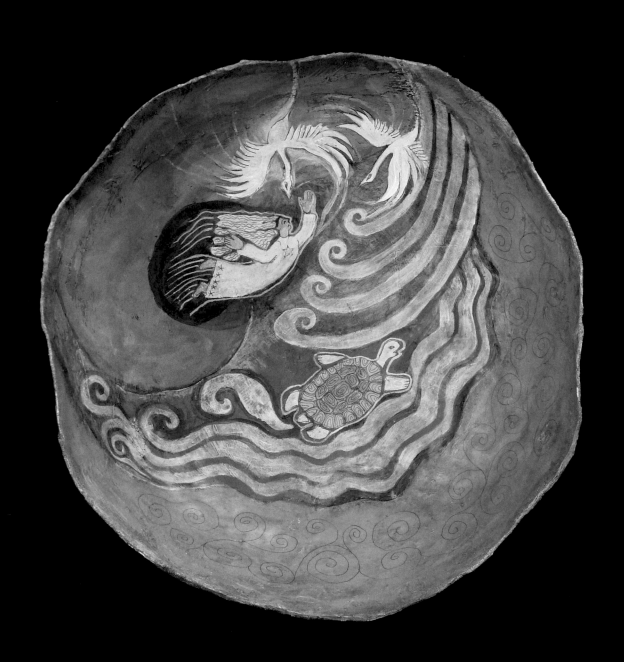

星星少女之碗

藥的禮物

有非常多的故事告訴我們其他動物的特質或「藥」（療癒魔力）。「藥」是特殊靈界力量的另一個說法。每種生物都有一種基本的能量，而獵人就跟薩滿巫師一樣了解動物的醫藥能力。藉由密切觀察，我們可以知道其他生物能量如何自我呈現。例如詭計多端的狐狸和其狡猾的近親土狼，都擅長偽裝、欺騙，也都重視族群成員；相對的，熊十分了解藥草和植物，牠們以休眠度過漫長的冬季，因而對夢也很了解。

每種生物除了具有自己種族獨特的醫藥能力以外，還有各自的特點；沒有兩隻貓或兩頭鯨魚是一樣的。動物指導靈也一樣，一個人的狼指導靈跟另一人的狼指導靈會具備狼族普遍都有的特質，但我不斷看到以指導靈形式出現的動物們，就像我們人類一樣，各自有著鮮明而獨一無二的特性。

下面的故事來自（加拿大原住民）米克毛人（Mi'kmaw）的婦女熊族，述說到熊（Muin）如何成為藥（對植物知識的智慧）的守護者。了解每種植物具有何種治療、滋養的力量或毒素，是依賴環境提供日常生活所需的部落民族攸關生存的重要課題。

這個故事讓我們知道，應該歡迎、尊重和加強與生命中所有親屬的聯繫，因為我們都屬於這個神聖的大家庭。如果我們從小跟這些故事一起長大，並且透過儀式和慶典的重演、不斷重溫這些故事，那麼故事就會活在我們心裡，成為我們的一部分，影響我們的抉擇與價值觀，而且傳承下去。我們如果忘記這些神聖的連接，麻煩就大了。

一開始……（傳說這樣展開），所有人都生活在和諧之中：植物人、樹人、動物國度、兩隻腳的生物。人們了解大家都與靈界相通，就像鳥兒，萬物彼此互相讚頌並歌唱。

後來有一天，春風將這些人類的歌曲吹進了熊漫遊的森林。這是一首頌讚和尊崇熊部落的歌。這頭熊出於好奇，循聲來到林中一處空地，那裡有一群人正在舉行某種儀式。他們稱牠為弟兄，請求牠用藥來幫助他們。

熊知道自己必須尋找這些藥物，因為人們在儀式上向牠提出了請求。因此整個夏天牠不斷地吃，為旅程作準備。樹葉開始掉落時，牠找到了在牠的靈上路時身體可以安全歇息的地方。熊帶著「為我所連結的萬物」之祝禱，走進自己的夢境之屋。牠的身體陷入沉睡，此時牠的靈正在靈界展開探索，牠跟植物的靈商議，請祂們幫助兩隻腳的人類。禮物的給予必須均衡，因此植物們跟牠簽了一個契約：只要熊為植物們耕種土地，讓土地保持肥沃，植物們就會幫牠的忙。熊同意了。

過了好幾個月，熊想告訴人們牠要回來了，所以牠的靈找到了熊族的一個女人，她當時正在汗屋祈禱。熊的靈請她準備盛宴，說明牠的靈性之旅即將結束，但牠的身體因為飢餓而十分衰弱。

於是人們開始工作，婦女採集了熊最喜歡的漿果和水果，男人從河裡捕捉了美味的魚。四天後，人們聚集在儀式上，講述何以熊靈必須永遠被尊敬。他們用歌唱和盛宴歡迎牠回來。

蝴蝶飛起

轉變的時刻

日常生活自然運行的事件中，有些時刻我們深深覺得無法控制。我們覺得無助或迷惘，無論是在等待新生命到來或某個生命的逝去、遭遇損失，或步入一個新而陌生的環境。這些都是起始點，是一個通道，在這裡我們所需要的，遠超過醫學或邏輯的分析。我們需要能對靈魂說話的故事和圖畫。

無論是透過故事、歌曲、圖畫、還是詩歌，神聖的創作都可以為歡慶、哀悼或預見提供一種獨特的支持，由儀式做出某種安排、賦予想像和靈魂某種得以依附其上的形態。對許多人而言，一幅喜愛的圖畫會在這種時候成為良伴，一首鼓舞人心的詩歌會是一根賴以支撐的錨，提醒人們生命與愛有著更大的格局，所有人都在其中。神聖的故事提醒我們，每個人都置身於各自獨特的、實驗性的學習計劃中，那些似乎不可逾越的障礙或難以承受的挑戰都是自然的，也是我們偉大靈魂之旅的一部分。

一個神聖的意象也可以幫助我們了解，表面的事實似乎是那麼地嚴峻而不可改變，實則只是大局的一部分。我知道，祖母級的助產士指導靈會參與嬰兒的誕生，而當我們死亡前往另一個世界時，負責過渡的引路指導靈們就在旁邊。薩滿師藉由與這些指導靈合作來協助靈魂通行，而神聖藝術家則可藉由說故事來描述發生之事而發揮助力。

對我來說，這種薩滿成像的情況通常發生在治療與指導別人時。例如有一次，指導靈要我為一個躺在新生兒加護病房的嬰兒製作一幅畫，嬰兒的靈魂踟躕不前，不能決定要留在生命這頭還是前去死亡那頭。那是一幅表達指導靈的關心與支持的圖像。我也畫了出入口以及滋養靈魂的花園供人冥想——在他們接近自己的離去、通過死亡關口時。我每次繪製這類畫都十分不易，往往需要當事人的許可，並在我的指導靈引導下才能進行。

在轉變不那麼極端的時刻，一幅神聖的畫作可能被用來慶祝第一次月經來臨、確認新的夥伴關係，以及標誌著一個時期或退休的到來——所有重要時刻都用得上，這也是薩滿巫師服務社區的一部分工作。

這給了我一個想法，就是與眾人一起創作，作為他們生活變化過程的一部分。例如一個接受化療的人或許可以認同那些給予他們力量、勇氣和健康之感的事情，而藉由分享這份「願望清單」，神聖藝術家可以跟他們一起創作一幅畫或這些事物的意象地圖，把它們轉化成觸手可及的型態，可以看得到、摸得到，還可以用來冥想。一位惴惴不安的新手媽媽或爸爸，也可以在藝術家協助之下製作一幅奉獻畫作，作為向神聖——助產士的正式邀請，請他們在孩子出生時到場。這種作法就可以將神聖助力帶進往往極具臨床性質的事件之中。

這些成分可能是陽光、植物、一個紅通通的鼻子、一個特別的顏色、鳥鳴——沒有什麼正確的規則。這樣做不僅讓客戶有了一個時時可見的提醒，也是對那些積極參與的能量發出的祈願。

就我而言，為了這類轉變時刻而創作的神聖藝術，不是為了「改善現況」，而是「使它成真」。我所產出的畫作或藝術形式是神秘經驗的再現。這項行為具有力量，可以提供很大的助益，因為那不僅說明了有別人知道怎麼回事，而且經由這幅畫的創作，他們也分享和見證了畫作的意義。

眼淚樹

眼淚樹

哭泣的需要
存在歷史冰凍眼淚的深處。
哭泣的渴望
呻吟著那不曾講述的古老失落之歌。

眼淚樹落下晶瑩水珠
讓大地沐浴在眾人的生命故事和
時間煉金士的愛中。

伊西斯河，搜尋著，
我坐在撫慰人心的樹下，
奉獻我的禮物
用淚水之美
重新灌溉世界之心。

我們的祖先圈

如果靈魂是一棵樹，那麼祖先就是根部系統。不只是相同 DNA 一脈相承的血統，而是來自許多其他的祖先來源，才造就我們現在的形體。左頁的曼陀羅圖顯示出來自八個方向的祖先，每個都代表了我們人類的一方面，也就是我們非實體的 DNA。

我們所繼承的模式和態度，不僅來自原生家庭，也來自更廣泛文化中的重要關係和我們所做的選擇。心靈的祖先是我們所關心的人與事、我們知道能讓我們的心歡唱的事物。

接著就是我們的看法──我們如何看待世界。每個人都有一定的觀點，關於什麼是可能、什麼是不可能的想法。我一位血緣祖先是藝術家。他的人生實例讓我覺得這個行業是可行的，只是不完全實用，錢也不會多，也不真令人嚮往。但是，身為一個藝術家，我也可以選擇自己文化中或者之外的許多人的生命故事和作品。我看到藝術家這一行既可行也令我嚮往。這些經歷和故事，都將各自的信仰和現實編入了我的生命之樹的樹根之中。

祖先的實體部分存在於我的血液和骨骼、也就是我的 DNA 裡。這是我身體的編碼。但是這樣的編碼往前追溯，讓我的血緣家族樹根僅在活著的記憶中就增殖出無數的交叉枝椏。就實體而言，我是許多人、地方和基因共同創造出來的成果。

從祖先一脈相承下來，我繼承了日常生活中是非曲直的概念，也就是一套標準。從多年的顧問經驗中，我知道這套標準並不總是符合人們所期望的、從個人特定生活和文化歷史發展出來的模式。再者，我們選擇的靈性和哲學導師也會深深影響我們。

再來就是祖先對我們的心靈造成的影響。我的教育跟家族中很多人大不相同──我上了大學，因此，我的智力形塑方式與曾祖父母很不一樣。而我「心靈的祖先」也是多年來吸引我的思想家和事實蒐集者，這樣的資料庫當然會持續不斷地更新。

祖先鏈也決定了我如何使用自己的資源，如何實現計劃和夢想，如何看待精神世界，如何運用創意，如何表達激情。因此我選擇自己做怎樣的人，全都是從那驚人的祖先根源系統發展出來的。

有很多方法紀念祖先的這一切，例如從家庭相冊到大型公開的文化紀念儀式，到紀念舊日時光贈與我們的書籍、照片、詩歌和音樂等。

左頁展示的曼陀羅畫作，象徵了每年十月在墨西哥舉行的紀念祖先之盛大慶典──死者之日。金盞花散落在精心佈置的屋內祭壇，鋪成小徑，引領祖先靈魂從墳墓回家與生者一日同樂。用歡樂圖案和顏色製成的小小糖骷體上面，裝飾了逝者之名。我與來自八方的祖先們一起坐在議事圈裡，並以這幅畫作向他們體現在我身上的贈禮致敬。

建議箱

為所有祝福過你的、已知和未知的祖先創作一幅致敬圖。它可以是一個八角星，像隔壁那頁一樣，用你自己的符號，或用你自己的方式自由設計，展現眾多祖先的連結，也許就像一棵樹盤根錯節的根，或是空中無盡的繁星──因為星辰就是祖先之火，是過去之光的展現形式。

岩石台地

揭露真實自我

原住民的神聖藝術往往便於攜帶，而且在神聖過程中經常會被使用到。所謂神聖組合指的就是這樣一個具有意義和目的、有著多種能量用途的物體。在這項組合之中，這些具象徵性的物體被一塊布「捆綁」在一起，作為以原始能量為目的的一種提醒和連結。

幾年前，我的指導靈們要求我製作一個向祖先致敬之神聖組合。祂們在一次旅程中給我看了一條繩索，由代表祖先生命的各種色線做成，其力量端視繩索如何編織而定。我完全不知道如何做成這條「繩索」，以放進我的神聖組合中。

話說回來，指導靈們常常出乎意料地帶給我們需要的東西。幾天後，我在逛寵物店時，眼睛突然被身旁架上的「繩子」吸引住。這條繩子大約五公分厚，由許多精美的彩線組成──正是指導靈給我看的那根繩索的模樣。它事實上是一條讓狗拉扯的拖拉繩玩具。眼前狀況讓我陷入兩難：神聖物品可以從寵物店找來嗎？（會不會不合適、不尊重？）最起碼，這未免太容易了？答案是，它正是已經展示給我看的東西。事情簡單其實無傷。

我買下拖拉繩。就在我安靜坐著沉思時，我發現自己的手指正玩弄著繩子兩端，指頭逐漸將兩端解開，又小心地重新編織起來。現在它不再是一條拖拉繩──我將神聖意圖編了進去。這種直到感覺「正確」為止的、出自直覺且玩耍似的調整，是製作任何神聖藝術品的重要過程，不論是繪製畫作或製作神聖組合皆然。我將它裹在一塊綢布裡，確保它安全妥當。

另一方面，個人醫藥的神聖組合包反映出我們的「真實自我」──也就是那可能藏在裡面，躲躲閃閃怕被看到或認出的靈魂之歌。個人神聖組合內的事物代表了我們真實自我的各方面，從極其普通的東西如橡樹子或小鵝卵石，到較大的物品如珠寶、照片、甚至小尺寸的畫作和雕塑品──任何具有個人意義的東西都可以。這個組合不是靈魂的展示間，而是神聖本質的一個非常個人化的「靈魂畫像」，也是一種審視我們靈魂之歌的方式。

我們在選擇放入神聖組合內的事物時，要反思自己對於真實自我的了解，並向我們的神聖核心致敬。這個組合捆包要保持沒有污垢，或用任何方式保持能量的潔淨，只有為神聖目的之用時才能被拿出來。偶爾可以打開捆包加以檢查，做些改變，增加物品或除去那些感覺不再「正確」的東西，這樣做時要心懷感恩。我們往往會在捆包的包布上擺置東西，就像一片「桌布」，作為神聖意圖和敬意的記號。

秘魯的藥師，也就是克羅族的教長（the paqos of the Q'ero），是古印加傳統的保存者。他們有個人醫藥包──也稱為醫療桌，其用途即為聚集療癒力量，這也是教長們長期培訓的重心。醫療桌被用來轉移能量，是大自然療癒能量的強大渠道。在這幅畫顯示的旅程中，我被安排在一個由許多這樣的醫藥包搭蓋起來的神聖小屋裡；當我坐在裡面時，四周的醫藥包都在對我唱歌。這次經驗令我印象深刻。

建議箱

思考你目前所知任何跟你真實自我有關的事情。蒐集那些象徵你關鍵層面的東西。

找一塊美麗的布，用你覺得神聖和有意義的方式把你的神聖組合包捆綁起來。

跟它一起祈禱，「喚醒」這個捆包，將它呈現給神聖四方，用神聖的煙霧或祝福的水塗抹它。要用你的直觀，始終保持敬意與警覺，注意指導靈給你的線索和提醒，你會對自己真正是誰知之更詳。

蒐集東西的靈魂

山楂樹的祝福

那些安靜時刻發生的事情
不舒服時，我們感受到看不見的手臂
以簡單的祝福擁抱著我們。

一切都很好，一切都很好，
心聽到深處的聲音。
生命毫無理由地擁抱我們。

但今天，沒有任何目的
一切悄然而去，我無法把握，
你來找我，我被抱住，
大地和天空的香藥，
大樹母親，但願在妳腿上
我能心無罣礙地歇息。

第七章

與指導靈同行

水瀨來訪

藝術奉獻

在薩滿作品中，指導靈往往會以某種原型或神祇的形像出現。有時候我可以感覺到某位指導靈的能量場域十分廣大，偶爾我平時的靈性幫手會要求我在見到祂們時下跪致敬。幫手們也會跪下。我曾就此事詢問祂們，是否靈界也有階級制度。祂們這方面確實很明確，不過這並不是一種階級制度，只是對靈力較強的指導靈所表示的一種尊重。

我無法知道自己見過的耶穌、佛陀或埃及大地之母伊西斯（Isis）等指導靈是否確實是本尊，我相信那不論以何種外表出現的幫手，就是來提供幫助的，所以我不去質疑。

有時人們會打電話問我一些靈界探索的問題，因為他們遇到了神祇。不消說，這種事會讓他們感到很困擾。他們躊躇一會兒後拿出勇氣告訴我，他們剛在靈界碰到馬雅文化的大地之母「帕查媽媽」（Pachamama）或某個特別的天使長。他們通常會保持緘默，因為擔心自己神智不清！我通常的回應是：「歡迎來到我的世界！你還想跟我談嗎？」當然，他們聽到有別人經歷類似的事後都如釋重負，因為這表示他們遭遇的情況是正常的。我們對照筆記、對照我們看見的畫面，分享彼此的旅途和靈魂的經驗，這種價值難以估計，有時候很難找到讓我們能夠放心的地方來做這種分享。

我們創作靈魂旅行的畫作，是肯定自己確實曾跟指導靈同行的一種具體方法。為這個目的而保存的簡單素描簿和日記，成為檢驗事實的工具，我們也能看出呈現於我們眼前的訊息如何發展。

我一直很高興在工作坊上與那些正式職業屬於社會主流但靈魂經驗需要見證與肯定的人分享；經常有醫生分享時說，他們在手術室或諮詢病人時看到某些指導靈。一位家庭醫師告訴我，他曾跟一名年輕人坐在一起，年輕人有一系列流感的輕微症狀，但他自己卻為這位年輕的病人預約了緊急的胸部 X 光檢查。結果是，病人罹患了初期的肺結核，但還沒有出現任何跡象。那位醫師知道，這是另外的媒介引導他這麼做的，而非出於他自己的判斷。

護士們也報告看到精靈之類的「人」圍繞著一個垂死的病人，於是安靜地尊重祂們可能會展開的對話。醫護人員知道有奇蹟發生，但在官方記錄上使用的「行話」總是「無法解釋的復原」或「緩解」。

我們為了表示感謝或求助而想連結到指導靈時，可以將此願望做成奉獻的形式。這可能是特殊的食物、神聖來源的水，或者是像凱爾特傳統那樣將珍貴或價值不菲的物品投入聖泉之中。

這幅畫是給伊西斯的奉獻，目的是為我得到的幫助向她表示敬意和謝意。我作畫時感受到她的能量盈滿工作室，現在那能量則圍繞著這幅畫。這一點是我從看過這幅畫作的人們反應中知道的，他們被畫作的芳香和溫柔的力量所吸引。我在蒐集伊西斯的資料過程中，得知她的寺廟中每天都供奉著玫瑰花瓣，所以，這就是我獻給她的供品。

建議箱

做一幅感恩的神聖圖畫。它可以是一般性的奉獻物，獻給指導靈或神聖的某一方，像是大地母親、最喜歡的聖人或聖地等。也可以是為你所接受的幫助而給予的一項特別的感恩，例如安全分娩、療癒，或新的工作。要在一個和諧的空間裡製作，專注在你的意圖上。用你能力範圍內最好的材料，把材料也當作神聖的用品，用薰香、祈禱或是任何你覺得正確的方式，來祝福你的工具。你工作時可能會覺得想要唱歌、擊鼓，或有音樂陪伴。

LIVE on the edge

teaching of the dragonfly

Courage
Courage

big
snow
Jan '10

LIVE-LIVE-LIVE on the edge

Courage Courage

Powering intent

Flashing Life in the Full Moon

Along the corridors of Light

Dec 1st '09   FULL MOON ~ 2 a.m.
The moonlight woke me & I was
called into the studio. The dragonfly
windchime that hangs on the skylight
was moving gently - a slow dance
with the moon in the sky behind it.
There was no movement of air so I
know dragonfly spirit was there...
I thanked Grandmother Moon &
asked dragonfly if it had a message.
Words came to me - "Courage!...."
I took photos as the light glowed
through its wings. Dragonfly keeps
visiting in different ways.......

深化連結

不論我們與指導靈動物是經過正式引見還是憑直覺知道祂們，加強我們彼此連結的一個非常特殊的方式就是以畫作向祂們致敬，給予祂們愛和祝福。你或許會想了解更多祂們在普通現實裡的生活細節、棲息地、軌跡、飲食、實際塊頭大小等等。這項研究將幫助您更了解祂們，因為靈性動物具有自己世界親屬的特點。有些可能是瀕危物種，所以你可能也想捐錢給關注瀕危動物的慈善團體，或到祂們可能棲息的荒野或保護區尋找祂們。

情況往往是，我在靈界與動物相遇的經驗，到了日常生活裡證明也是正確的。比如有一次，我的一位靈界幫手將祂的一顆牙齒拔下來植入我的嘴裡，表示跟我一體。我在靈界旅途中確信那顆牙齒比實際的大，後來發現確實如此。

我們在靈性世界的經驗是非常有觸感的，在我引導下經歷靈界的人往往非常驚訝自己能實際體驗到將手深深探入狼的鬃毛以及聞到狼味。或者，祂們可能實際化身為自己的指導靈動物（這是另一種瞬間連結的方法），真正體驗不同的感覺、鷹的視覺、用尾巴深入水下游泳，或者感受用四隻或不止四隻腳行走是怎麼回事。

傳統文化往往以舞蹈來表達或鼓勵具體化——這是給指導靈的禮物，邀請祂們跳舞，讓祂們和你一起跳舞，而不是主客易位。這樣祂們可以淺嚐人類經驗。或者可以藉歌曲、面具或穿戴動物實際身體的部分而誘發化身。象徵動物的符號也可以紋身或繪上人體。

有時候一個靈界動物會在我們最意想不到的情況下，與我們在普通現實生活中相遇。有一天，我注意到工作室粉牆上出現了一個小凹痕。我的眼角餘光無法離開這個東西，彷彿它一直在移動。我先是忽視了一會兒。後來由於情況沒變，我知道自己必須予以正視。那是一個完美的蜂鳥形狀。要知道，我跟蜂鳥並無特別連結，但各種不定模樣的蜂鳥圖像不斷出現，所以我一直保持警覺。這時指導靈們也督促我接受一種印加能量啟示的「Munay Ki 九大療癒能力點化儀式」。接著我就明白了蜂鳥何以到訪——祂是這些儀式中一個主要動物指導靈，是推動我們展開嶄新學習的中介。

一個滿月的晚上，這幅畫裡的蜻蜓也拍了拍我的肩膀。當時我正穿過工作室去花園，打算沐浴在月光中。走在天窗下，我突然意識到，掛在那裡的蜻蜓風鈴被祖母月亮那發光圓球照映出閃閃背光。蜻蜓在月光中活了過來，在靜止的空氣中輕輕搖曳著。其能量非常強，吸引我停下腳步凝視。我問祂是否有訊息要給我，我會將領受的話語寫在圖像周圍。蜻蜓的能量極為集中、正向、具有領域性；祂有能力保持隱藏和靜止，也有展現精準度和速度的力量。這不是我固定的指導靈動物，而是偶爾降臨、令我感到榮幸的訪客。

建議箱

如果你跟一個靈性動物有緊密的連結，或你特別喜愛某種動物，不妨調查祂們的樣子、軌跡、棲息地等等特徵，記錄在速寫本和日記裡。請注意你在認識祂們的過程中有什麼感受，是否有任何巧合或隨之而來的訊息。

女性彩虹蛇——英嘎娜

宇宙論

從踏進另一個世界的那一刻開始，我們的經歷全都是對於我們的問題與意圖的回應，即使我們只是瞥見一個稍縱即逝的形狀或顏色，也是如此。有時候「行動」的片段看起來像是不相關，但我們必須注意每一件事。因為有時候指導靈不僅是在藉機回答我們所提出的問題，還會補充某些祂們知道我們需要的其他資料。有時候，祂們會說出我們日後必須展開另一段旅程的目的。

也有些時候，我們會發生相當難以解釋或理解的神祕旅程。

這幅畫就是這樣出現的：我之前曾請指導靈教我如何召回靈魂，結果我得到了這個奇怪的形體，那是一個穿了袍子的女人，有許多沉重的袋子從她的袍子裡伸出來。我問了她是誰，但除了一句話說她是「靈魂的載體」以外，沒有任何其他的解釋。「這些是等待出生的人類靈魂嗎？」我問道。不，他們不是的。「是現在活著的人所失去的部分靈魂嗎？」答案仍是否定的。「是已去世的人的靈魂或部分靈魂嗎？」不是。我被告知的是，旅程結束後才會找到更多的答案。

這件事是在一個舉辦研討會的工作坊裡發生的，所以我四處打聽：有沒有人知道什麼是「靈魂的載體」？沒人有任何資料或建議。研討會結束的第二天，依舊迷惑的我回到家裡。次日清晨，我正在吃早餐時，感到有必要打開電視——實際上我的手已經自動去開了電視。

雖然我喜歡看電視，但從來不是一大早就看……。螢幕上出現的是由大衛‧阿滕伯勒在澳大利亞北部製作的一部非常古老的紀錄片。我迷惑地看了幾分鐘，正準備關掉電視時，鏡頭轉到一個有著美麗岩畫的懸岩，正好出現了我在旅程中所見形體的畫像。「喔，這是英嘎娜。」阿滕伯勒報導。很快地，他與原住民導遊的對話就轉到別的事情上。我盯著屏幕過了一會兒，興奮地在網上搜尋，從電腦畫面上看到更多影像。幸虧我知道名字，才知道這是怎麼一回事。順便一提，我發現了指導靈們的確很跟得上最新科技的速度。

我發現「英嘎娜」是「女性彩虹蛇」，是創世之初帶來植物和動物的使者。旅途的訊息已經傳達完成。我看過的那些掛在該形體上的袋子不是人類，而是女性彩虹蛇所攜帶的植物和動物的靈魂，等著在創世之初找到自己的安身之所。

有關創世的神話，我已經知道的那部分是男性彩虹蛇遊走大地，標記出主要河流的路線和一些自然景觀。我之前並不知道還有另一個與其呼應的女性彩虹蛇——英嘎娜，在男蛇走過的這片大地上遊走。她從海上出現，攜帶著靈魂袋，每天晚上當她入睡後，植物和動物會從袋內爬出來，找到自己在這片土地上的安身之處。

我們旅行時可以得見部分神話或儀式過程，那些都有文化特色，但我們對其毫無背景知識。我們由此知道，這段旅程不只是想像，也不是被之前某些我們可能看過或聽過的事情而激發。

這些懸岩裡的神聖藝術家們記錄了自己的故事，故事穿越綿長的時間之網對我說話。感謝英國廣播公司的紀錄片促成此事。

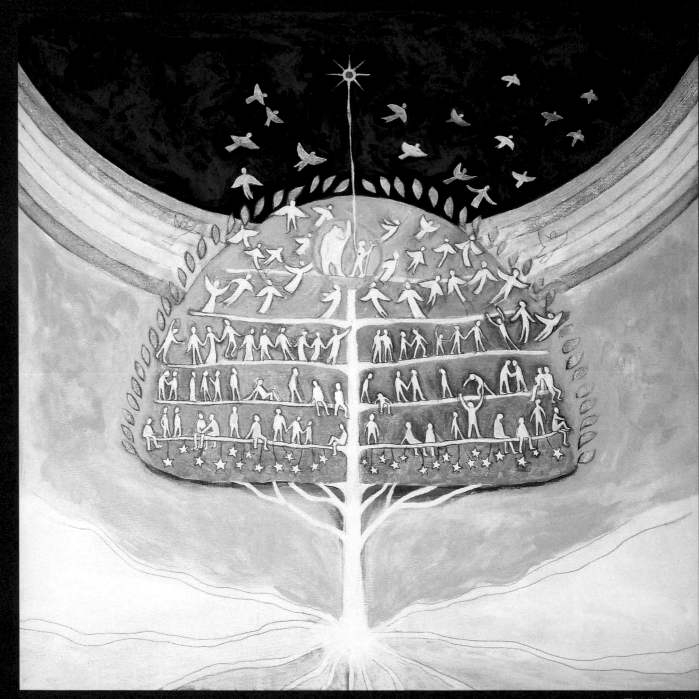

靈魂樹（上部）

面具之歌

我該戴上什麼面具——
深入泥土挖掘自己的一切
種下未來？

我該戴上什麼面具——
走過樹苗
當它們尋求陽光時？

我該戴上什麼面具——
看著高大的樹木佔據地表，
延伸到整個地球？

我該戴上什麼面具——
攀爬靈魂之樹
尋求它廣闊的懷抱？

我該戴上什麼面具——
感受黑暗的拉鋸
當星星召我回歸時？

第 八 章

大地之歌

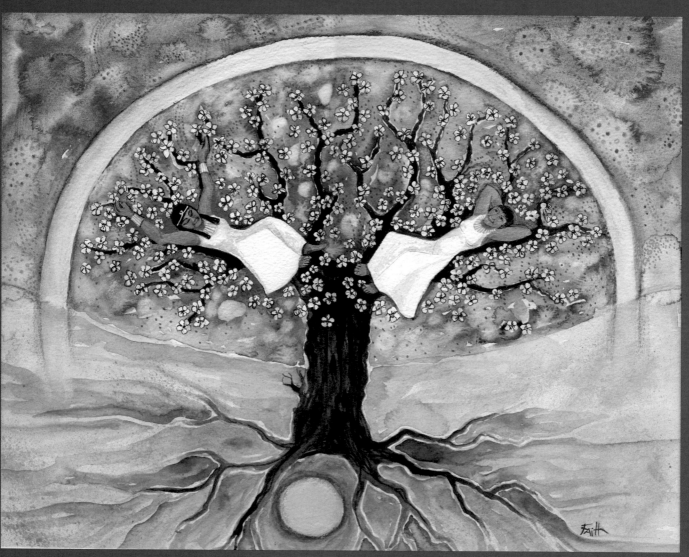

櫻桃樹之夢

地方指導靈

　　不論住在何處，我們走路時雙腳必會接觸大地，我們會有意或無意地捕捉這片特別的大地之振動、回憶和個性。對於某些日日親近大地生活的部落居民而言，這種意識可能會被高度開發。例如，一位原住民可能感受到埋葬於腳下的祖先骸骨，或占卜者用他們的撥浪鼓進入此地的能量領域，追蹤行經這片土地的能量。土地是活的，有血管、骨骼和流動的血液，有意識和不同質量的活力。

　　野生動物一直都知道要避開巨大痛苦發生過的地方；在另一個極端的地方，則是生命受到肯定與祝賀、或者自然的平衡從未被干擾、具有豐沛自然資源、和平與祝福，以及可能成為朝聖目的和正向靈視的地方，都會加強該地的能量。

　　這種地方指導靈始終存在，無論我們踩踏在何處，城市或荒野、室內或室外皆然。我們可能知道某個地方讓我們特別感到賓至如歸、平和、或受到啟發——甚至療癒。這些「有力量」的地方似乎相當與世隔絕，也許是城市裡一座宏偉的教堂、清真寺、寺廟，那裡的牆壁和地板吸收了祈禱、詩歌和許多足跡的印記。通常這樣的建築會因直覺或刻意地蓋在擁有神聖力量的地方、正能量的地點，或許也就是「奇蹟」發生之處。

　　我們可以提出請求，希望找到一個擁有個人力量的地點。方法是專注在這個要求上，請這個地點自行向我們顯現。重要的是，盡量不要懷抱特定期望。例如我們可能會想像自己被帶往河邊的美景，但後來卻發現我們的腳引領我們去到停車場的一棵小樹旁。要經常用直覺或你認識的指導靈之指引來核對。出於禮貌，我們應該向地方指導靈自我介紹，用簡單的對土地的奉獻來感謝祂，像是鳥食、一縷我們的頭髮、祈禱，只要是出自真心都行。這幅畫中我被引領到一株盛開的櫻桃樹下，遇見了一位我已經認識的靈界幫手。我們一起躺下，吸收陽光的祝福和蜜蜂帶來的蜂蜜禮物。多麼地幸福啊！我經常透過畫作，再次連結到那種祝福和有力量的場域，並且與別人分享。

我的耳朵貼近地面，
聽到時間的聲音。
我的臉面對地表，
看到自己的倒影。
我的腹部貼在地上，
我跳著舞進入生命。
我的靈魂親近大地，
我跟萬物同聲歡唱。

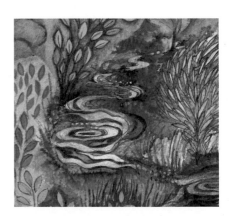

花園指導靈

植物之歌

有些我們的個人指導靈來自植物界。跟有力量的動物一樣，這些植物指導靈可能已在日常現實中跟我們有所連結，也可能來自別的國家。

與植物指導靈合作，是許多文化中一種古老的關係途徑，而且一個人可以擁有某個特定的植物指導靈作為盟友，在很多方面皆可向其諮詢、尋求治療與幫助。這跟草藥醫術不同，後者的治療方式是藉由某種特定植物已知的療癒屬性來治療疾病。與植物指導靈幫手的關係則是建立在跟單一植物的關係，對方同意在另一個世界跟我們相見，就任何情況支持、引導和幫助我們。我自己並沒有植物指導靈的幫手，但我在薩滿旅途中經常遇見植物指導靈，跟祂們有過許多交流。

有一次，我在一場儀式中連結上「馬雅日期保管者」，是具有治病草藥知識的女指導靈。祂們是指導靈助產士，透過清晨和黃昏向太陽擊鼓而保持大地之母的節律。在祂們靈性世界的花園裡，我朝那裡的植物致意。植物立刻變得激動起來，向我表示歡迎，很高興我可以看到祂們以及希望跟祂們說話。

在另一段旅程中，我身處「中界」，並被帶到自己的後花園；那裡的花兒鼓勵我跟它們一起唱歌。當我們一起唱時，我感到一種極為精微而細膩的合為一體感受，歌聲變成了色彩，花兒們告訴我，可以將我畫作中的色彩想像為聲音，並接受由其產生的和諧感所引導。

最常發生的情況是，當我遇到植物指導靈時，祂們會齊聲說話，並且有一種團體特性。但有時個別植物會跟我說話，我們可以進行非常特別的一對一交流。

這幅畫記錄了兩種狀況都發生過的一段旅程。我那時身處「上界」，站在一大片林中空地上，詢問自己當時的方向。整個地區都覆蓋著金盞菊——那閃閃發光、黃金花頭的植物像地毯一樣延伸至樹林深處。

正中央，綻放著一株綠絨蒿，又稱喜馬拉雅藍罌粟。這個植物指導靈愈長愈大，直到幾乎跟我一樣高。綠絨蒿和我有一段很有力量的對話，跟祂給予我的支持有關，祂同意我可以再次拜訪祂。祂的態度簡潔直接，我可以感到祂明顯的男性力量。我了解祂不屬於個人指導靈，但我需要時可以找祂幫忙。我感謝祂，並讚賞祂的美麗。

接著，金盞花們齊聲對我說話。祂們要我躺下來，以便給我一份禮物。我抗議了，因為我不想壓壞祂們。但祂們堅持，感覺有些好笑地說著，難道我認為祂們不知道自己在做什麼嗎？

我知道自己必須信任祂們，於是小心翼翼地躺下。我發現自己身體的重量輕易就由花頭集體的力量承受住。我仰天躺著，祂們在我周圍的空地上進行「植物衝浪」，輕柔地托住我，把我從一個地方傳送到另一個地方。這是植物群體指導靈展現聯合力量的神奇一課，確實這就是所有小事物同心協力的結果。我從沒忘記這次美妙的感覺。

製作一幅記錄此次經歷的神聖畫作，幫助我更深入地了解這次旅程的教導，也為日後進一步的深刻理解，再次將我與那些植物指導靈連結起來。

馬賽克月亮

大地聖壇

聖壇是一種神聖藝術形式，一個連接了現世和現世以外的地方。這是一個通道，創作時必須具備自覺、清楚的目的和敬意，因爲它會根據奉獻的對象而連接能量。

數年以來，我定期會與一位友人進行月亮冥想和薩滿旅程，月亮婆婆已成爲我倆寶貴的導師和引路人。我一生中每逢滿月時分，就會像聽見樂音一樣聽見她的呼喚，而被吸引到外頭凝視著祂、沐浴在祂充滿能量的光芒之中。因此，當我的花園有天要我爲月亮做一座聖壇時，我一點也不意外。

製作戶外的神聖藝術品時，鑲嵌工藝是一種頗能持久的表現形式。因此我選擇創作一個月亮形狀的馬賽克作爲聖壇的焦點。聖壇地基是我從當地手工材料店買來的月牙形鋪路板。除了選擇水和天空色彩的玻璃磚以外，我還加入了其他會爲我帶來月亮能量的相關素材，也就是代表她統御大海潮汐的貝殼，以及反映天空與日夜的鏡片，還有星型的玻璃碎片。當我將收集好的所有素材一一放入設計框架中時，我感到自己確實沉浸在月亮所帶來的深刻夢幻特質中，而一種深沉的和平與寧靜感充滿了工作室。這是一種歌頌月亮寧靜力量的美麗方式。

這件鑲嵌作品現在被置放在花園能捕捉月光的地方，旁邊還有一尊小小的月亮女神雕像，周圍的岩石和土壤上散落著貝殼和圓形白色石英鵝卵石。這裡已經成爲一個特別的地點。我在那裡點蠟燭、奉獻、花時間與月亮婆婆相處。花園裡其他物件來來去去，因此聖壇四周存在著一股源源不絕的創造力。

月亮神殿花了我一些時間，但一座聖壇在施工上也可以非常簡單，我另外還做過祝福花園本身的聖壇。那是一道以白色鵝卵石勾劃出心型的簡單線條，放在植物間的一塊鋪路板上。有時因爲動物或天氣的干擾，它會被移動，我就必須將碎片歸回原位。復原這個心形是一個表示尊敬和感謝的簡單行爲，也是一種象徵，重申我對這片土地的愛。

土地會記得一個聖壇，即使它被移走、分置不同地方，或者消失了，而原來的地點也已荒廢、回歸了大自然。但是最初的意圖依舊留在原處。任何儀式、神聖的活動或藝術都會在土地上留下印記，被空間「記住」。因此我們在建立愛的連結、舉行儀式、進行冥想或彩繪石頭時，都必須帶著關懷和尊重的意念。

製作能在戶外留存的畫作，當然必須考慮當地的氣候以及你想保持多久。我必須小心選擇防水、防凍的馬賽克粘著劑。我有一幅作品在屋後牆上懸掛了多年，那是一塊徹底塗上壓克力底漆、並用壓克力藝術塗料製作的木板。它已經稍微剝落和褪色，但也爲它添加了一種歲月滄桑的感覺。

你如果不喜歡塑膠塗料，或許樂意用油質顏料、或諸如紅色和黃色赭石等天然顏料。這些天然顏料來自大地，可以完全爲生物所分解，只不過可選擇的顏色較少，而且在強光下較易褪色。你可以選擇畫在不同的基底或支撐物，像是天然石頭、鵝卵石或土製屋瓦。我們在選擇製作戶外神聖藝術品的材料時，也必須懷著敬意加以考慮。

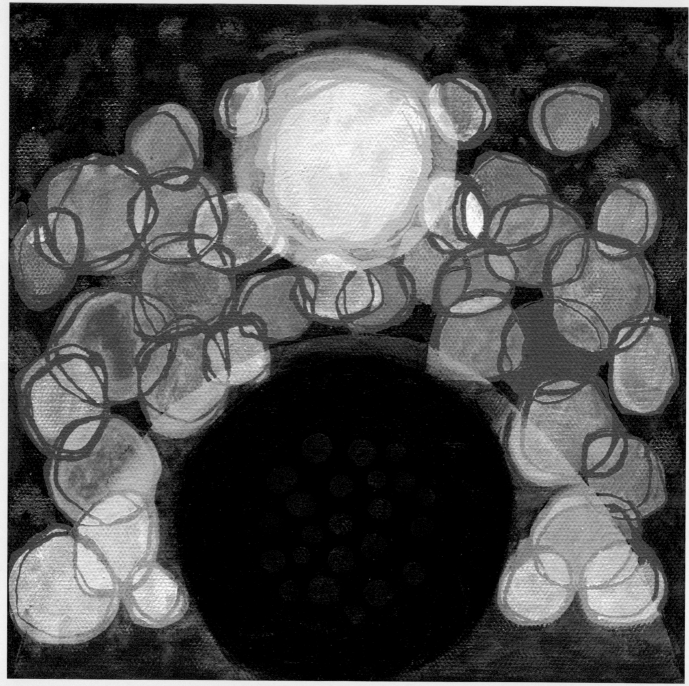

月亮的祝福

危險的誘惑

向外發展有風險。
墨守成規安全得多。

然而好奇心——噢，那叛徒——
蠢蠢欲動於其他的可能性，
不安騷動於那留在濕潮沙地上的足跡……。

當過分張揚的月亮，
揚起了遙遠的潮汐
在我們的骨子裡循環激盪，
受到世上靈魂的靈性之歌召喚
在我們渴求的耳朵中歌唱，
我們別無選擇
只能冒險。

第 九 章

祝福的藝術

七葉樹

帶來健康的畫

我們在生命不同時刻會偏好特定的顏色和色調對比——有時候我們對深藍色感到很自在，有時候又會感覺金黃色調讓我們較有活力。符號和圖像也會對我們深層的存在說話。這些元素聚集在一幅畫作上時，會深深影響我們的身體系統，帶來激動或平靜——甚至像這幅畫向我展示的一樣，帶來身體的健康。

幾年前，我有嚴重的循環問題，讓我生平第一次因為緊急狀況而住院。病發初期的混亂過去以後，我回到家裡療養，希望得到幫助，讓那因血栓而損壞的腿得以強壯起來。所以我經常祈求得到治療的能量和訊息。

有一天，就在這祈禱的空間裡，我明確被告知帶著素描裝備到外面花園去。這是一個叫我「馬上行動」的情況。我通常不會在戶外工作，但是這次沒有爭論的餘地。所以我就把裝備安置好，讓畫筆遊走於畫紙上。鹿角出現了——於是我知道是一隻鹿要來幫我；鹿臉從鹿角下浮現出來，目不轉睛地盯著我。我知道自己必須在鹿角上畫出長在上面的樹葉——尤其是七葉樹的樹葉。這項工作迅速明確，這種時候我很少覺察到周圍「真正的」世界所發生的事。等到接觸結束時，我困惑地呆坐在花園裡看著這幅素描，納悶著它會告訴我什麼。七葉樹樹葉是那麼重要，所以我查詢了它的特性——多謝網路和 Google 之助！

我很驚訝地發現，七葉樹通常用於強化與修復血管。使用許多罐美妙的草本乳霜後，我的血管恢復了健康。而這些乳霜的主要成分，當然是七葉樹。

原始草圖是那些我從未展示過的草圖之一，但我經常感謝那位鹿靈師。這幅畫是那次經驗後很快畫出來的，我用它來感謝這棵美麗的樹提供的醫療禮物，並強化這份禮物的藥力。

如果您正在使用某種特定的草藥或進行某種特定的藥物治療——由於許多藥物都與植物靈師直接相關，何不做一幅畫向它感謝與致敬，並與其的能量保持良好和平衡的關係。

偉大的奧秘，
願我送出祝福
也收到祝福
願世上萬物
都受到祝福
願我腳我手
心臟和頭腦
我的一切
都帶著祝福進入
生命的循環。

獲夢

祝福之桌

祝福的手
用美麗觸摸世界
祝福的眼
用愛凝視世界
祝福的腳
用和平接觸大地
祝福的耳
聽見光的聲音

記住祝福是我們給生命的禮物

第 十 章

心靈花園

靈魂復甦的花園

自我照顧

在這最後一章，我想邀請你進入各種不同的「心靈花園」。我在旅程中曾被要求畫出各種花園，讓觀看畫作的人可以接觸花園的療癒、平和與寧靜的力量；那不像是單純的透過窗戶觀賞，而是以目光直接進入。

首先，我想與大家分享的是超越「上界」的地方，我在靈魂能量極為枯竭時被帶到那裡。生命會測試我們所有人，在日常生活的喧囂中我們可能會忘記滋養靈魂、或是不確定如何去滋養它。

我已經達到為自己也為別人做了許多靈魂工作的地步，同時還得應付大量的日常需求。所以有一天，當我在另一段薩滿之旅中去見靈師們時，祂們說「夠了，另外找時間完成這段旅程吧。現在妳需要好好照顧自己。來吧……。」

祂們總是充滿愛心，這一點毋庸置疑。祂們直接引領我經過「上界」天空場域、抵達一個我從未見過的地方。靈師們說，「靈魂到此地重新修復、更新自己的能量。進去待一段時間吧——妳需要的。」

我大吃一驚；我向大門內望去。那裡是被一排樹木包圍的大花園。在柔和的燈光下可以看見幾道閃爍的光和其他靈魂，這些靈魂慢慢地沿著兩旁美麗靈性植物的路徑移動，時而停下，彷彿在思考。我被和平與寧靜的氛圍吸引入內，不記得待了多久，只清楚知道自己沉浸在靜止和寧靜中，就像享受溫暖的芬芳浴一樣。

旅程時間快結束時，我發現自己穿過大門再度回到靈師身邊。祂們把我檢查了一遍，似乎很滿意。祂們告訴我，如有必要，隨時可來此地，而且下次不要等到自己精力如此耗竭時才去！我從出神狀態進入尋常現實時，感到無比舒適暢快。

我在離開旅程前被告知要畫出這個地方，讓別人也能離開尋常現實來造訪此地。這是一幅讓人冥想的畫，適合在安靜的時刻造訪，也是一個提醒，要我們好好照顧我們稱之為「靈魂」的這項寶貴能量。

有些地方
在星辰之中
超越此時此地的門戶

在那裡
我的靈魂可以得到憩息

我可以去那裡
找到安寧
讓靈魂飽足
讓目光歇息

小坐片刻

昔日的花園

當我們檢視日常生活困難的「症狀」，像是人際關係、疾病、或不斷「進退維谷」的情況，就可能開始覺察到有個更寬廣的大局，它或許不會隨著我們現世生命的結束而消逝。

時間是一種複雜的悖論：它可以走得快一些、慢一些、停下來……，而那還只是一般現實，也就是真實的時間。在靈性世界，正如在任何治療範例中，我們會跨出線性時間的模式之外。我們處於全時間、跨時空的狀態。從事治療工作的我，不僅經常被帶回到自己的前世，也會看到別人前世的重大事件。我看過人們在今世經歷的事件，是一種學習或治療的因果行為，不僅與他們個人過去的生命有關，也涉及文化和靈魂的族群祖先脈絡。我相信，我們在進入今世之前即已決定了靈魂學習的過程，並同意了某個特定的起始點、條件、關係、地點、出身，以及文化。之後，我們這一世的生命故事和靈魂任務才得以展開。

不論是「前世」與今世平行發生、還是各個時空同時發生，或者一世接一世輪迴循序發生，我相信我們除了眼前的這一世以外，還存在著許多生命的軌跡。

我記得自己的一個前世，其中的生命事件都已由靈師們驗證無誤，跟一個橘子園的鮮明回憶有關。多年以來，這個特殊的前世經常以不舒服、令人為難的方式，呼應我現世的生活情況。我從來沒有探究過它，只是盡可能就眼前所發生的事，來處理它的干擾給我的計劃和人際關係所帶來的問題。畢竟我只能活在當下我所選擇的生命中。

在我最早與靈師同行的一次旅程中，我發現自己在這個橘園裡跌倒，為了一個我不明白的悲傷理由啜泣，充滿無助感。靈師們把又哭又叫、掙扎著的我拉出了那個地方，並且禁止我回去。我從旅途回來時覺得身體傷痕累累，也因這個經驗大受震驚。

多年過去，我不曾回到那座靈界中的橘子園。但幾年前，我有次在工作室中，突然意識到橘園包圍著我，我感受到它的香味、平和與溫暖。它之前曾經是——在這受祝福的一刻又再度成為——一個真正充滿力量的地方。我正要趕走這種意識，其實頗為勉強，但靈師們溫柔地說，「沒關係。妳現在可以畫它了。」

「可是，」我爭辯，「我本不應該去到那裡……。」

「它現在已經來找妳了，妳可以吸收它真實而不受時間拘束的力量，這是一個可以讓妳充滿力量的地方。妳已經完成了必要的個人努力，解除它舊日的負面束縛吧，現在可以重頭來過，清楚地感受其本質。是時候了。畫吧！」

這樣做的時候，我深深吸納了那份香味、恩典、以及庇護、平和的能量。實際上，這是重拾我已療癒的過去之力量，就跟重新整合散落的靈魂是一樣的方式。

這幅畫現在已跟別人同行，持續散發著它的美好本質。我不再需要它的實體，也被告知是時候將它傳遞出去了。它告訴我，當我們擁有明確清楚的連結、不再為以前的生命「故事」所困惑時，我們就能取得過往的力量。因為力量就是力量，沒有好壞之分，我們如何與其產生關係的方式會給予它方向。

我現在會定期舉行一個儀式，向自己的來世送出祝福、療癒，以及正向的力量，因為總有一天，今生會成為前世。

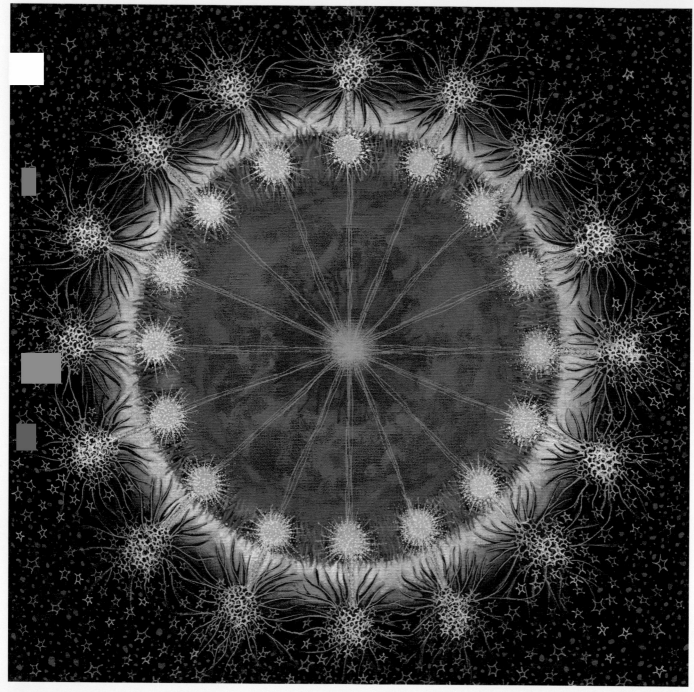

星星果園

104 台北市中山區民生東路二段 141 號 5 樓

城邦文化事業股份有限公司

橡樹林出版事業部　收

請沿虛線剪下對折裝訂寄回，謝謝！

|橡|樹|林|

書名：薩滿神聖藝術　書號：JP0138X

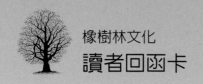

橡樹林文化
讀者回函卡

感謝您對橡樹林出版社之支持，請將您的建議提供給我們參考與改進；請別忘了給我們一些鼓勵，我們會更加努力，出版好書與您結緣。

姓名：_____ □女 □男 　生日：西元_____年

Email：_____

● 您從何處知道此書？
　　□書店 　□書訊 　□書評 　□報紙 　□廣播 　□網路 　□廣告 DM 　□親友介紹
　　□橡樹林電子報 　□其他_____

● 您以何種方式購買本書？
　　□誠品書店 　□誠品網路書店 　□金石堂書店 　□金石堂網路書店
　　□博客來網路書店 　□其他_____

● 您希望我們未來出版哪一種主題的書？（可複選）
　　□佛法生活應用 　□教理 　□實修法門介紹 　□大師開示 　□大師傳記
　　□佛教圖解百科 　□其他_____

● 您對本書的建議：

_____

_____

我已經完全瞭解左述內容，並同意本人資料依上述範圍內使用。

_____（簽名）